I0059895

PLAN

DU

COURS DE DROIT CIVIL

TROISIÈME ANNÉE

1902-1903

M. CAMPISTRON, professeur titulaire.

TOULOUSE

IMPRIMERIE A. CHAUVIN ET FILS

28, RUE DES SALENQUES, 28

—

1902

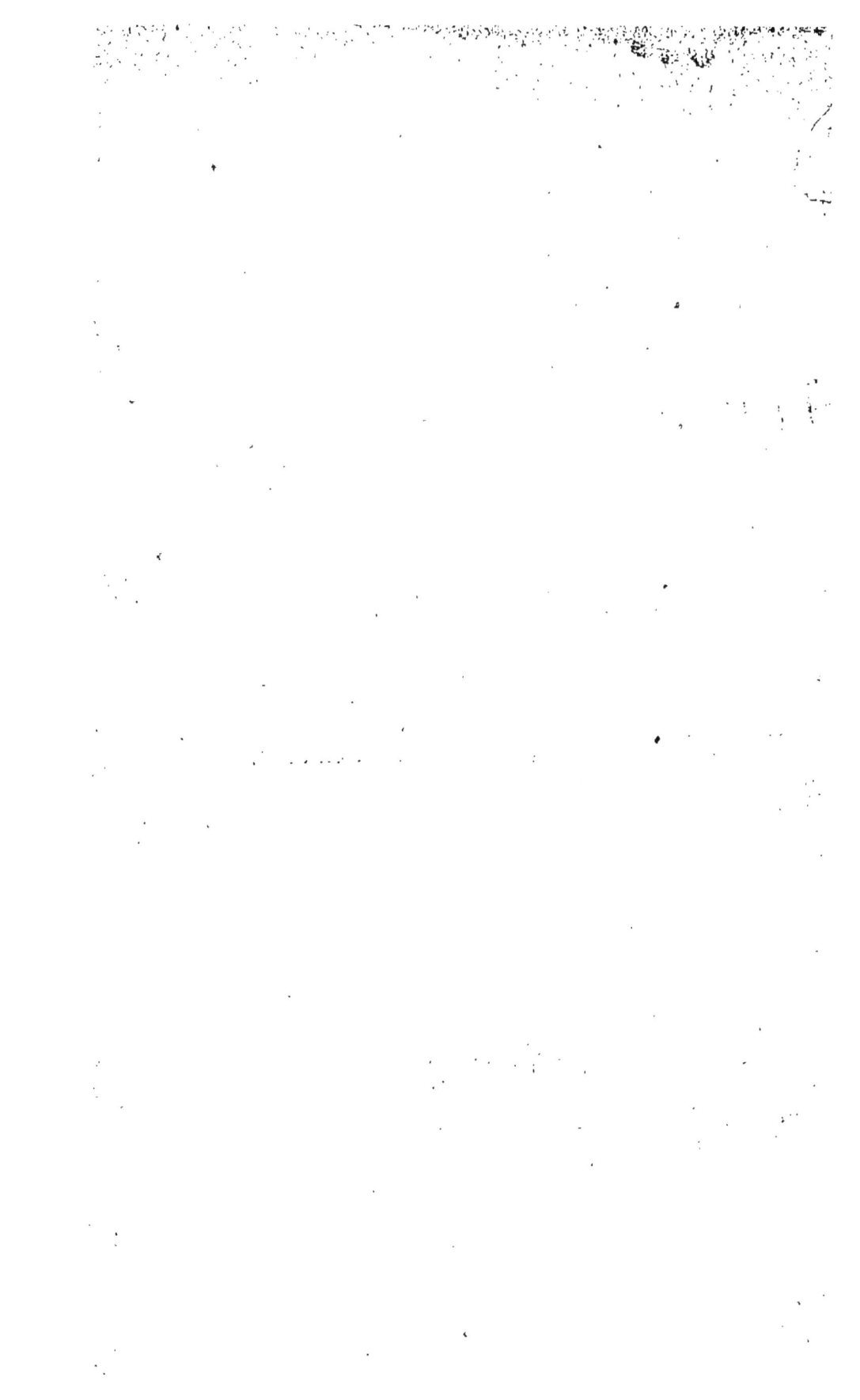

FACULTÉ DE DROIT DE TOULOUSE

ANNÉE SCOLAIRE 1902-1903

DROIT CIVIL — 3ᵉ ANNÉE

D'après l'arrêté ministériel du 24 juillet 1895, article 2, le programme de l'examen de troisième année comprend les titres suivants des livres I et III du Code civil :

Livre I, titres V à XI (rapports de famille); titre IV, chapitres 3 et 4 (complément des règles sur l'absence);

Livre III, titres I et II (transmission des biens d'une personne décédée et modes de disposer des biens à titre gratuit) et titre V (contrat de mariage), en y joignant toutes les règles relatives au droit des biens entre époux, et, notamment, une étude complémentaire de l'hypothèque légale de la femme mariée.

Le professeur rappelle qu'usant de la faculté qui lui est laissée de distribuer les matières de son enseignement dans l'ensemble des trois années, suivant le plan et la méthode qui lui paraîtront préférables, il a étudié en première année les titres V à XI du livre I du Code civil (mariage, divorce, paternité et filiation, etc.). Ces matières n'en font pas moins partie de l'examen de troisième année.

I

DES SUCCESSIONS

(Art. 718 à 892.)

Aperçus préliminaires et historiques (Novelle 118; Loi du 17 nivôse an 11).

Chapitre premier. — De l'ouverture des successions et de la capacité de transmettre ou de recueillir une succession.

Quand et où s'ouvre une succession (art. 110, 718, 822 ; art. 59 6°, Pr. civ.)? — Des qualités requises pour succéder (art. 725 ; Lois du 31 mai 1854 et du 14 juillet 1819). — De la preuve en cette matière (art. 79, 46, 312) ; théorie des *commorientes* (art 720, 721 et 722).

Chapitre II. — Des divers ordres de succession.

Distinction des successeurs *ab intestat* en héritiers légitimes ou naturels et successeurs irréguliers (art. 723 et 724 modifiés par la loi du 25 mars 1896). — De leur situation respective ; de la saisine et de ses effets.

Section I. — Dispositions générales (art. 731 à 738). — Théorie de la représentation ; conditions ; effets (art. 739 à 744 et 787).

Section II. — Des héritiers légitimes et naturels.

1. — Héritiers légitimes.

a) — Descendants (art. 745).

b) — Frères et sœurs ou descendants d'eux (collatéraux privilégiés) en présence : 1° des père et mère du défunt ou de l'un d'eux (art. 748, 749 et 751) ; 2° d'ascendants autres que père et mère (art. 750); 3° d'autres collatéraux (art. 752 *in fine*).

c) — Ascendants en présence d'autres parents que les frères et sœurs du défunt ou descendants d'eux (art. 746,
753 et 754).

d) — Collatéraux autres que frères et sœurs ou descendants d'eux (art. 753, 754 et 755).

II. — Héritiers naturels.

a) — Enfants naturels reconnus (art. 756 à 761 modifiés
par la Loi du 25 mars 1896). — Leurs droits dans la
succession de leurs père ou mère s'ils sont en présence
de descendants légitimes ; — d'ascendants, frères et
sœurs ou descendants d'eux ; — ou d'autres parents. —
Cas spécial de l'article 337. — Abrogation de l'article 761.
— Droits des enfants adultérins ou incestueux (art. 762,
763 et 764).

b) — Père et mère naturels (art. 765).

Section II. — Des successeurs irréguliers.

a) — Frères et sœurs naturels (art. 766).

b) Conjoint survivant. — Notions historiques. — Ses droits
au cas où l'époux prédécédé n'a laissé aucun parent
légitime ou naturel. — De son droit d'usufruit au cas
où il a laissé des parents légitimes ou naturels ; — sur
quels biens il doit être calculé et peut être exercé ; —
de sa conversion en rente viagère ; — de son extinc-
tion ; — de son concours avec des libéralités reçues du
défunt (art. 767 et 205 modifiés par la loi du 9 mars 1891).

c) — Etat (art. 768, 770).

d) — Hospices (Loi du 15 pluviôse an XIII, art. 8 et 9 :
avis du Conseil d'Etat du 3 novembre 1809).

APPENDICE AUX SECTIONS I ET II.

Du retour successoral.

a) — Au profit des ascendants donateurs (art. 747). —

CHAPITRE IV. — De la liquidation d'une succession.

Aperçu général.

Section I. — De l'action en partage et de sa forme.

De l'indivision et du partage ; — des diverses espèces de partage ; — de la licitation (art. 815, 816, 818, 827, 840, 1686. Loi du 23 mars 1855, art. 1er 4° *in fine*).

§ 1er. — De la capacité requise pour intenter l'action en partage ou y défendre (art. 113, 215, 311, 465, 482, 484, 499, 513, 817, 818, 838 et 840).

APPENDICE. — Du retrait successoral (art. 841).

Qu'est-ce? — Par qui et contre qui peut-il être exercé? — Conditions et effets.

§ II. — Des formalités du partage.

I. — Partage amiable (art. 819, 1°; art. 985 Pr. civ.).

II. — Partage judiciaire (art. 821 et suiv.; art. 966 à 982 Pr. civ.).

Section II. — Des rapports. — Renvoi des questions sur la réserve et la quotité disponible.

Notions préliminaires et historiques : dons *en avancement d'hoirie* (art. 511) ; — legs *rapportables* ; — dons ou legs *par préciput et hors part*.

§ Ier. — Qui doit le rapport?

Tout héritier ou successeur irrégulier gratifié par le défunt, qui vient à sa succession et qui n'en est pas dispensé (dons) ou qui y est soumis (legs). — Développements. — Des dons et legs par personnes interposées ; des donations déguisées sous la forme de contrats onéreux (art. 843, 846 à 850, 852, 856, 918, 919 ; Loi du 24 mars 1898).

§ II. — Qui peut exiger le rapport?

Le cohéritier seul; les légataires et créanciers de la succession ne le peuvent pas (art. 857).

§ III. — Quels avantages sont rapportables?

Tous avantages directs ou indirects reçus du défunt (art. 851 à 856).

§ IV. — Comment s'effectue le rapport?

I. — Rapport des dons.

Rapport en nature ou en moins prenant des immeubles (art. 855, 858 à 867). — Rapport en moins prenant du mobilier (art. 868 et 869).

II. — Rapport des legs (art. 843 ; Loi du 24 mars 1898).

APPENDICE A LA SECTION II.

Du *rapport des dettes* payées par le défunt pour l'un de ses successibles (art. 829 et 851 *in fine*) ou que ceux-ci peuvent devoir à la succession.

Section III. — Du paiement des dettes.

Distinction, au cas où la succession est dévolue à plusieurs successibles, héritiers légitimes ou naturels, ou successeurs irréguliers, du droit de *poursuite* ou d'*obligation* et du droit de *contribution* (art. 870 à 877).

Section IV. — Des effets du partage et de la garantie des lots.

§ Ier. — De l'effet général du partage.

Notions historiques (voir Lab. fr. 31, D., *de usu et usufr....*, 32, 2) sur la formation de la théorie consacrée par l'article 883 que *le partage est déclaratif et non attributif;* — ses conséquences et ses véritables limites. — Est-elle applicable aux créances héréditaires (art. 832 et 1220)?

§ II. — De la garantie entre copartageants.

Son fondement; — quand il y a lieu à garantie (art. 884, 1641 et suiv.); — à quoi elle oblige (art. 885, 2103 et 2109); — contre qui peut être intentée l'action en garantie et en quelles formes (art. 885, 822 ; art. 175 Pr. civ.) ? — de la durée de l'action en garantie (art. 2262 et 2257); — cas spécial de l'article 886.

Section V. — De la rescision en matière de partage.

Partage inexistant. — Partage annulable (art. 887, 892, 840, 1304, 1314, 1338). — Partage rescindable pour lésion (art. 887 *in fine*, 888 à 891, 1304, 1338).

Appendice au titre des successions.

Notions de droit fiscal sur le paiement des droits de mutation (Lois du 25 février 1901, art. 2 à 17, et du 30 mars 1902, art. 10 et 11).

II

DES DONATIONS ENTRE-VIFS ET DES TESTAMENTS

(Art. 893 à 1100.)

Notions préliminaires et historiques.

Chapitre premier. — Dispositions générales.

Section I. — Des divers modes de disposer à titre gratuit (art. 893).

I. — De la donation entre vifs (art. 894, 931, 943 et suiv.).

II. — Du testament (art. 895, 969).

III. — Des libéralités indirectes, déguisées ; — des dons manuels.

Section II. — Des modalités ou conditions permises ou

prohibées dans les donations entre vifs ou testamentaires.

Principe : liberté du disposant.

Exceptions.

    a) — Des conditions impossibles ou contraires aux
    lois et aux mœurs (art. 900).

    b) — Des substitutions prohibées (art. 896). Ne
    pas confondre la substitution fidéicommissaire
    que la loi prohibe avec la substitution vulgaire
    que l'article 898 autorise. — Historique du sujet
    (Just. Inst. lib. II, tit. XXIII et XXIV ; ordon-
    nances de 1553, 1560 et 1747 ; loi du 14 août 1792 ;
    art. 896, 897, 1048 et suiv.; lois du 17 mai 1826
    et du 10 mai 1849 ; — caractères constitutifs de la
    substitution prohibée ; clauses diverses, art. 899 ;
    — sanction de l'article 896. — *Des majorats*
    (art. 896, al. 3 ; décret du 30 mars 1806 et séna-
    tusconsulte du 14 août 1806 ; lois du 12 mai 1835
    et du 10 mai 1849).

    c) — Conventions contraires à l'irrévocabilité de la
    donation (art. 943 à 946).

CHAPITRE II. — De la capacité de disposer et de recevoir
par donation entre vifs ou par testament.

Règle générale de l'article 902.

Section 1. — Incapacités absolues de disposer ou de recevoir.

    § Ier. — Incapacités absolues de disposer.

    Sont incapables de disposer :

I. — Par donation et par testament.

    1o Celui qui n'est pas sain d'esprit (art. 901 *cbn*,
    art. 502, 503 et 504). — Des dispositions *ab
    irato*.

2º Le mineur de moins de seize ans (art. 903), sauf, pour la femme, le cas de l'article 1398 (contrat de mariage).

3º Le condamné à une peine perpétuelle (Loi du 31 mai 1854, art. 3 et 4, al 1. — Loi du 25 mars 1873 relative aux déportés (art. 13 et 16).

II. — Par donation et non par testament.

1º Le mineur âgé de seize ans (art. 904 ; Loi du 15 novembre 1887, art. 3, al. 1), sauf le cas de l'article 1398 (contrat de mariage).

2º La femme mariée non séparée de corps (art. 905, art. 311 ; Loi du 6 février 1893).

3º Le prodigue et le faible d'esprit pourvus d'un conseil judiciaire (art. 499 et 513).

4º Le condamné à une peine afflictive et infamante temporaire pendant la durée de sa peine, à raison de son interdiction légale.

§ II. — Incapacités absolues de recevoir.

Sont incapables :

1º Celui qui n'était pas conçu lors de la donation ou du décès du testateur, ou qui, s'il l'était, n'est pas né viable (art. 906, 1048 et 1049, 1082 et 1084). — Des personnes incertaines.

2º Le condamné à une peine perpétuelle (Loi du 31 mai 1854, art. 3 et 4, al. 1 ; Loi du 25 mars 1873, art. 16).

Des libéralités faites aux personnes morales, départements, communes, établissements publics ou d'utilité publique, etc. (art. 910 ; Ord. du 2 avril 1817 ; Loi du 4 février 1091 ; Loi du 1er juillet 1901 (contrat d'association), etc.). — Des fondations. — Abrogation de l'article 912 concernant les étrangers par la loi du 14 juillet 1819.

réserve. Il impute cet excédent sur la quotité disponible, mais le rapporte à ses cohéritiers (Agen, 31 décembre 1879 ; Cass., 8 février 1898).

b) — Le successible renonce à la succession.

Double question : question du *cumul*; question d'*imputation*.

— Étranger à la succession, il peut conserver la quotité disponible, mais non sa part dans la réserve (art. 845. — Cass , 18 février 1818 ; Cass., ch. réunies, 27 novembre 1863).

— Il y a lieu à imputation non sur la réserve, mais sur la quotité disponible (Cass., 10 novembre 1880).

4° Cas spécial de l'article 918.

§ II. — De la réduction des libéralités excessives. — Qui peut la demander (art. 921) ? — De l'ordre dans lequel elle s'exerce relativement aux diverses libéralités (art. 923, 925, 926 et 927). — De la manière dont elle s'opère (art. 924 , 928, 929 et 930). — Fin de non recevoir. — Comparaison de la réduction et du rapport.

— Hypothèse particulière de l'article 917.

Appendice au chapitre III.

De la quotité indisponible de droit exceptionnel.

I. — De la quotité de biens dont peut disposer le mineur parvenu à l'âge de seize ans (art. 904).

II. — De la quotité disponible entre époux.

1° Montant de cette quotité.

a) — Le disposant ne laisse ni descendants ni ascendants (art. 1094, 1°).

b) — Il laisse des ascendants (art. 1094 ; Loi du 14 février 1900).

c) — Il laisse un ou plusieurs enfants ou descendants légitimes.

1º Il laisse un ou plusieurs enfants ou descendants de son mariage avec l'époux gratifié (art. 1094).

2º Il laisse des enfants ou descendants issus d'un précédent mariage (Const. 3, 5 et 6 Cod. *de sec. nupt.*; Edit des secondes noces de juillet 1560; art. 1098).

d) — Il laisse des enfants naturel ou adoptifs.

2º Sanction des règles précédentes (art. 1099 et 1100).

— Du concours de dispositions faites au profit du conjoint avec des libéralités faites à un enfant ou à un étranger. — De la réduction, en ce cas, des dispositions excessives.

CHAPITRE IV. — Des donations entre vifs.

Caractères essentiels de la donation; — de son irrévocabilité (art. 894, 944 et suiv.).

Section I. — Des conditions d'existence et de validité des donations.

§ Ier. — Conditions d'existence.

1º Consentement des parties. — De l'acceptation; quand, — par qui, — et dans quelle forme cette acceptation peut ou doit être faite (art. 932 à 937). — Des procurations pour faire ou pour accepter une donation.

2º Forme solennelle (art. 931; Lois des 25 ventôse an XI et 12 août 1902, art. 9). — Des cas dans lesquels la solennité n'est pas requise; des donations indirectes et des donations déguisées sous l'apparence de contrats à titre onéreux; des dons

et obligations du légataire particulier (art. 1014 à 1024).
— De la séparation des patrimoines et de l'hypothèque
légale des légataires (art. 878, 2111, 1017).

Section III. — Des exécuteurs testamentaires. — Du
caractère des fonctions de l'exécuteur testamentaire ;
— de sa nomination ; — de ses droits et de ses obligations (art. 1025 à 1034).

Section IV. — De la révocation des testaments et de leur
caducité.

Ne pas confondre la *nullité* d'un testament, sa *révocation*,
sa *caducité*.

§ Ier. — De la révocation des testaments.

a) — Révocation volontaire par le testateur. — Elle
est expresse ou tacite : ses effets (art. 894, 1035
à 1038 ; Loi du 12 août 1902, art. 9).

b) — Révocation par justice pour ingratitude et
inexécution des charges (art. 1046 et 1047).

§ II. — De la caducité des testaments. — Causes de
caducité ; — effets de la caducité. — Du droit d'ac-
croissement entre colégataires (art. 1039 à 1047 ;
fr. 89 D., *de legatis*, 3º (32).

CHAPITRE VI. — Des substitutions fidéicommissaires ex-
ceptionnellement permises.

§ Ier. — Dans quels cas elles sont autorisées (art. 1048,
1049, 1050 et 1052).

§ II. — Des mesures prescrites pour la conservation
des droits des appelés et des tiers.

Nomination d'un tuteur ; — inventaire ; — vente du
mobilier ; — emploi des deniers ; — publicité (art. 1055
à 1074 ; Loi du 23 mars 1855, art. 11, *in fine*).

§ III. — Des droits et des obligations du grevé (article 1054).

III

DU CONTRAT DE MARIAGE ET DES DROITS RESPECTIFS DES ÉPOUX

(Art. 1387 à 1581.)

Aperçus préliminaires et historiques.
Dispositions générales.

I. — Des conditions intrinsèques requises pour la validité du contrat de mariage.

Du consentement. — De la capacité ; de la règle : *habilis ad nuptias, habilis ad pacta nuptialia* (art. 1095, 1309, 1098 et 2140).

II. — Dans quelles formes le contrat de mariage doit être passé et de sa publicité (art. 1394 ; — art. 67 et suiv., C. com. ; — art. 75, al. 2 ; 76, al. 10, 1391 ; Loi du 10 juillet 1850).

III. — Quand le contrat de mariage doit être passé : conditions sous lesquelles il peut être modifié (art. 1394 à 1397). — De l'immutabilité des conventions matrimoniales (art. 1395).

IV. — Des conventions autorisées ou défendues dans le contrat de mariage (art. 1387 à 1391).

Liberté des époux. — Généralités sur les quatre *régimes* d'ensemble organisés par la loi.

V. — Du régime de droit commun (art. 1393).

APPENDICE. — De la constitution de dot.

Sa nature ; — son étendue ; — ses effets (art. 1438, 1439 et 1440 ; 1542 à 1548).

PREMIÈRE DIVISION. — **Du régime de communauté.**

A. — De la communauté légale.

Généralités.

CHAPITRE PREMIER. — Des biens communs.

Section I. — De l'actif de la communauté.

Il comprend :

1° Tout le mobilier présent et futur des époux (art. 1401 1°), sauf quelques exceptions.

2° Tous les fruits et revenus des propres des époux (art. 1401 2°; 1403); — du quasi usufruit (art. 587).

3° L'immeuble acquis dans l'hypothèse de l'article 1404, al. 2.

4° Les immeubles donnés ou légués sous condition qu'ils tomberont en communauté (art. 1405).

5° Les immeubles acquis à *titre onéreux* pendant le mariage (art. 1401 3°), sauf les cas prévus par les articles 1406, 1407 et 1408 ; *adde* articles 1434 et 1435 (emploi et remploi).

Section II. — Du passif de la communauté.

Généralités. — Distinguer : 1° le droit de *poursuite* ou d'*obligation* du droit de *contribution* ; 2° les dettes *entièrement communes* ou communes sans récompense des dettes *imparfaitement communes* ou communes à charge de récompense et des dettes *entièrement propres*. — Principes qui régissent la matière.

§ Ier. — Des dettes des époux antérieures au mariage (art. 1409 1° et 1410).

§ II. — Des dettes nées durant la communauté.

I. — Dettes qui sont des charges des revenus et du mariage (art. 1409 3°, 4° et 5°).

II. — Dettes du mari (art. 1409 2°, 1421, 1424 et 1425).

III. — Dettes de la femme par elle contractées comme
mandataire du mari (art. 1420); avec son autorisation (art. 1409 2°, 1419, 1426, 1431 et 1432) ; avec
l'autorisation de justice (art. 1426 et 1427) ou sans
autorisation.

IV. — Dettes provenant de successions ou de donations acceptées par l'un des époux.

1° Du droit d'obligation ; 2° Du droit de contribution
par rapport aux successions ou donations immobilières,
mobilières et mixtes acceptées par le mari ou par la
femme autorisée de son mari ou de justice après inventaire ou sans inventaire (art. 1411 à 1418).

Section III. — De l'administration de la communauté.

Administration de la communauté : — Disposition des
biens communs à titre onéreux , à titre gratuit entre vifs
ou par testament (art. 1421, 1422 et 1423). — Exercice
des actions.

CHAPITRE II. — Du patrimoine propre de chaque époux.

I. — Rappel des règles relatives à l'actif et au passif
dont il se compose, qui ont été déjà étudiées sous les
sections I et II du chapitre Ier (actif et passif de la
communauté).

II. — De l'administration des biens propres des époux :
— Administration. — Exercice des actions. — Actes
de disposition (art. 1428, 1429 et 1430).

De l'emploi et du remploi (art. 1434 et 1435, 1595). —
Ses conditions ; — Ses effets. — Du remploi conventionnel.

CHAPITRE III. — De la dissolution de la communauté et de
ses conséquences.

Section I. — Causes de dissolution de la communauté.

I. — Mort de l'un des époux (art. 1441 et 1442).

II. — Divorce (art 1441).

III. — Séparation de biens soit principale, soit acces-
soire, résultant de la séparation de corps.

    a) — De la séparation de biens principale. — Ses
    causes ; — par qui et contre qui elle peut être
    demandée ; — sa procédure ; — ses effets ; —
    comment elle peut cesser (art. 1443 à 1451).

    b) — De la séparation de biens accessoire (arti-
    cle 311). — Ses effets comparés à ceux de la
    séparation de biens principale.

Renvoi sur les effets de l'absence en notre matière
(art. 124).

Section II. — Des conséquences de la dissolution de la
communauté.

De la faculté accordée à la femme d'accepter la communauté ou d'y renoncer (art. 1453). — De l'acceptation
(art. 1454, 1455 et 1460). — De la renonciation (art. 1457
et 1464). — Des délais pour accepter ou renoncer (art. 1456,
1458, 1459, 1461 à 1466).

§ Ier. — Des suites de l'acceptation.

I. — Du partage de l'actif (art. 1467).

    a) — Opération préliminaire du partage. — Théorie
    des récompenses.

      1o Des récompenses dues à la communauté par
      l'un des époux. — Quand il y a lieu à récom-
      pense. — Quel en est le quantum. — Comment
      elle s'exerce.

      2o Des récompenses dues à l'un des époux par la
      communauté. — Quand il y a lieu à récom-
      pense. — Quel en est le quantum. — Comment
      elle s'exerce. — Question des reprises de la
      femme (Civ. Cass., 28 mars 1849 ; Cass., ch.

réunies, 16 janvier 1858; art. 1431, 1433, 1436, 1437, 1439, 1468 à 1473).

b) — Du partage. — Des récompenses dues par l'un des époux à l'autre (art. 1475 à 1480).

II. — De la contribution au passif commun.

— Du droit de poursuite; du droit de contribution (art. 1482, 1484 à 1491). — Du bénéfice d'émolument accordé à la femme (art. 1483).

§ II. — Des suites de la renonciation (art. 1492 à 1495).

APPENDICE AU RÉGIME DE LA COMMUNAUTÉ LÉGALE.

Explication de l'article 1496.

B. — De la communauté conventionnelle.

Toutes conventions modificatives de la communauté légale sont en principe autorisées (art. 1496 et 1527). Le Code indique les suivantes comme étant les plus usitées et en règle les effets.

Section I. — De la communauté réduite aux acquêts (art. 1498 et 1499).

Section II. — De la clause d'exclusion de tout ou partie du mobilier (art. 1500 à 1504).

Section III. — De la clause d'ameublissement (art. 1505 à 1509).

Section IV. — De la clause de séparation des dettes (art. 1510 à 1513).

Section V. — De la faculté accordée à la femme de reprendre son apport franc et quitte (art. 1514).

Section VI. — Du préciput conventionnel (art. 1515 à 1519).

Section VII. — Du partage inégal de la communauté (art. 1520 à 1525).

IV

DES EFFETS DE L'ABSENCE (art. 120 à 130).

Section I. — Des effets de l'absence relativement aux biens que l'absent possédait au jour de sa disparition.

§ 1er. — De l'envoi en possession provisoire.

Quand il peut être demandé ; — qui peut le demander ; — ses effets ; — comment il cesse (art. 120 à 128, 131). — Détails sur l'article 124.

§ II. — De l'envoi en possession définitif.

Quand il peut être demandé ; — par qui ; — procédure ; — ses effets ; comment il prend fin (art. 120 à 131).

§ III. — De la fin de l'absence (art. 130, 132, 133).

Section II. — Des effets de l'absence relativement aux droits éventuels qui peuvent compéter à l'absent (art. 135 à 138). — Rappel de ce qui a été dit sur la question de la validité des aliénations consenties par l'héritier apparent.

Le professeur,

L. CAMPISTRON.